AF479959

* 9 7 8 9 9 4 8 0 9 7 0 6 8 *

واحة الحكايات للنشر والتوزيع
دبي- واحة دبي للسيليكون
الإمارات العربية المتحدة
Wahat Alhekayat Publishing
and Distribution - UAE
Dubai +97143336366
+971504599804
+971558236687
info@wahatalhekayat.com
www.wahatalhekayat.com
www.wahatalhekayat.academy

سلسلة لكل حرف حكاية
قصة: عشرة أشياء
تأليف: صفاء عزمي
رسوم: زينة المسيري
ISBN 9789948097068
حقوق الطبع محفوظة

أكاديمية واحة الحكايات

موقع واحة الحكايات

عَشرةُ أشْياء

تأليف: صفاء عزمي

رسوم: زينة المسيري

سلسلة لكل حرف حكاية:

- مجموعـة مكونة مـن 28 قصة مرتبة تبعا لترتيب واحةِ الحِكاياتِ للحُروف العربية

تـمَّ ترتيبُ الحُروفِ العربيَّةِ ترتيبًا جديدًا (أ ن ب ر و هـ ز ... غ)، وهُوَ ترتيبٌ خاصٌّ بواحةِ الحِكاياتِ، ومُستوحًى منَ التَّرتيبِ الأبجديّ (أ ب ج د هـ و ز... غ).

- تمَّ تقسيمُ الحُروفِ (28 حرفًا) إلى 7 مجموعاتٍ (كلُّ مجموعةٍ 4 حروف).

- تمَّ اختيارُ الحُروفِ الأربعةِ في كلِّ مجموعةٍ على أساسِ سُهولةِ التَّمييزِ فيما بينَها، مِنْ ناحيةِ الشَّكلِ والنِّقاطِ على الحَرفِ، وذلكَ تمهيدًا لتقديمِ ومُراجعةِ كُلِّ 4 حُروفٍ و 4 قصصٍ في فترةٍ زمنيَّةٍ مُتقاربة.

- كما تمَّ اختيارُ بعضِ الحُروفِ منَ الكلماتِ الأكثرِ شُيوعًا في مرحلةِ الرَّوضةِ والصفِّ الأوَّلِ، مثل: (أنا- هُــو- هي- هُنا- هُنـاك- كانَ- لا- لي- لَعِب- رَسْم)، ووضْعُها في مكانٍ متقدِّمٍ من ترتيبِ واحةِ الحِكايات، وأيضًا اختيارُ الحُروفِ الأكثرِ استعمالًا في اللُّغةِ العربيَّةِ، ووضْعُها في مكانٍ مُتقدِّمٍ مِنْ ترتيبِ واحةِ الحِكايات.

هُنا عُجولٌ وَسَطَ الحُقولِ... عُدّوا مَعَ عائِشَةَ... واحِدٌ، اثْنانِ، ثَلاثَةٌ، أَرْبَعَةٌ، خَمْسَةٌ، سِتَّةٌ، سَبْعَةٌ، ثَـمانِيَةٌ، تِسْعَةٌ... عَشَرَةٌ عُجولٍ وسَطَ الحُقولِ.

4

5

العَصافيرُ في الجَوِّ تَطيرُ... عُدُّوا مَعَ عَائِشَةَ...

واحِدٌ، اثْنانِ، ثَلاثَةٌ، أَرْبَعَةٌ، خَمْسَةٌ، سِتَّةٌ، سَبْعَةٌ، ثَمانِيَةٌ، تِسْعَةٌ...

عَشَرَةُ عَصافيرَ في الجَوِّ تَطيرُ.

الجِراءُ تَأْكُلُ العِظامَ... عُدّوا مَعَ عائِشَةَ...

واحِدٌ، اثْنانِ، ثَلاثَةٌ، أَرْبَعَةٌ، خَمْسَةٌ، سِتَّةٌ، سَبْعَةٌ، ثَمانِيَةٌ، تِسْعَةٌ...

عَشَرَةُ جِراءٍ تَأْكُلُ العِظامَ.

عِنَبٌ وقُطوفٌ لِلضُّيوفِ...
عُدّوا مَعَ عَائِشَةَ...

واحِدٌ، اثْنانِ، ثَلاثَةٌ، أَرْبَعَةٌ،
خَمْسَةٌ، سِتَّةٌ، سَبْعَةٌ،
ثَمانِيَةٌ، تِسْعَةٌ...

عَشَرَةٌ قُطوفٍ لِلضُّيوفِ.

أَجْمَـلُ بالوناتٍ لِلْبَناتِ...
عُدّوا مَعَ عائِشَةَ...
واحِدٌ، اثْنانِ، ثَلاثَةٌ، أَرْبَعَةٌ،
خَمْسَةٌ، سِتَّةٌ، سَبْعَةٌ،
ثَمانِيَةٌ، تِسْعَةٌ... عَشَرَةٌ
بالوناتٍ لِلْبَناتِ.

عَشْــرُ هَدايا ... عَشْـــرُ عَرائِسَ... عَشْـرُ شَمَعاتٍ... عائِشَةُ أَكْمَلَتْ عَشْرَ سَنَواتٍ.

14

نِقاشٌ: لِماذا تُحِبُّ عائِشَةُ رَقْمَ عَشَرَةٍ؟

تَفْكيرٌ: ما عُمُرُكَ؟ اِحْزِرْ .. ما عُمُرُ جَدِّكَ أوْ جَدَّتِكَ؟

تَأَمُّلٌ: في صَفْحَةِ (13-12) أشْكالٌ مُتَعَدِّدَةٌ عَلَى البالوناتِ والزِّينَةِ... أُشيرُ إلى الأشْكالِ، وأذْكُرُ أسْماءَها...

اِقْتِراحٌ: أقْتَرِحُ عُنْوانًا جَديدًا لِلقِصَّةِ.

وَصْفٌ: أخْتارُ حَيَوانًا أليفًا، وأصِفُهُ بِعِدَّةِ كَلِماتٍ.
مِثالٌ: قِطٌّ بُنِّيٌّ، ذَيْلُهُ طَويلٌ، عُيونُهُ كَبيرَةٌ.

أفْكارٌ لِلأُسْرَةِ والمُعَلِّمِ

- في الصَّفْحَةِ المُقابِلَةِ، نَجِدُ مَجموعَةً مِنَ الأفْكارِ الَّتي تُساعِدُ عَلَى تَنميةِ مَهاراتٍ أساسيَّةٍ لَدَى الطِّفْلِ، مِثْلَ: القُدْرَةِ عَلَى النِّقاشِ والتَّفْكيرِ التَّحليلي النَّاقِدِ، وقُوَّةِ الـمُلاحَظَةِ، والتَّواصُلِ، والإبْداعِ.
- يُمْكِنُ أنْ نأخُذَ بِهَذِهِ الأفْكارِ، جَميعِها أوْ بَعْضِها.
- يُمْكِنُ أنْ نُكَرِّرَ قِراءَةَ القِصَّةِ، وفي كُلِّ مَرَّةٍ نَخْتارُ بَعْضَ الأفْكارِ لِنُناقِشَها.
- إذا أحَسَّ الطِّفْلُ بِالنُّعاسِ أثْناءَ القِصَّةِ، مِنَ الأفْضَلِ أنْ نَتَوَقَّفَ ونُكْمِلَ القِصَّةَ لاحِقًا.
- في بَعْضِ الأحْيانِ يُجيبُ الطِّفْلُ عَلَى النِّقاشِ بِ«نَعَمْ» أوْ «لا»، أوْ بِكَلِمَةٍ واحِدَةٍ. في هَذِهِ الحالَةِ أُعْطي الطِّفْلَ بَعْضَ الوَقْتِ؛ كَيْ يَبْحَثَ عَنْ جُمْلَةٍ أوْ فِكْرَةٍ، ويُمْكِنُ أنْ أُحَفِّزَهُ عَلَى الاسْتِمْرارِ في الحَديثِ بِكَلِماتٍ مِثْلَ: أحْسَنْتَ، رُبَّما، لِماذا؟ كَيْفَ؟ أيْنَ؟ هَلْ تُحِبُّ؟ هَلْ تَعْتَقِدُ؟
- الهَدَفُ مِنْ هَذِهِ القِصَصِ لَيْسَ فَقَطِ الاسْتِمْتاعَ بِالقِراءَةِ، وتَعَلُّمَ الحُروفِ، ولَكِنَّهُ أيْضًا رَبْطُ أحْداثِ القِصَّةِ والشَّخْصِيَّاتِ والأماكِنِ بِعالَمِ الطِّفْلِ، وتَنْمِيَةُ هِواياتِهِ وقُدْرَتِهِ عَلَى التَّعْبيرِ.